Brixius · Schubert

Altbier

Simon Brixius · Tabea Schubert

Altbier
Trink' dich schön!

Droste Verlag

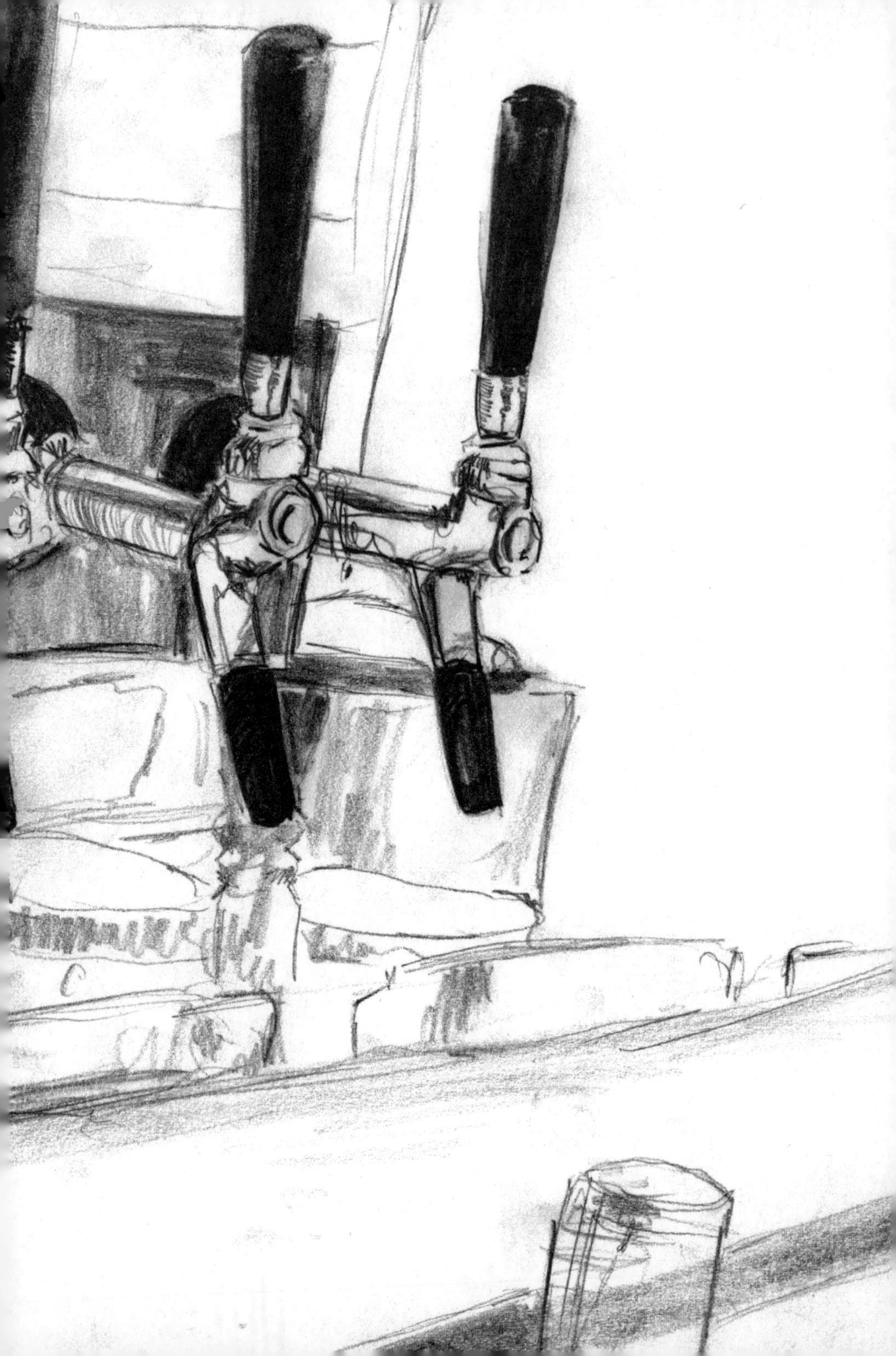

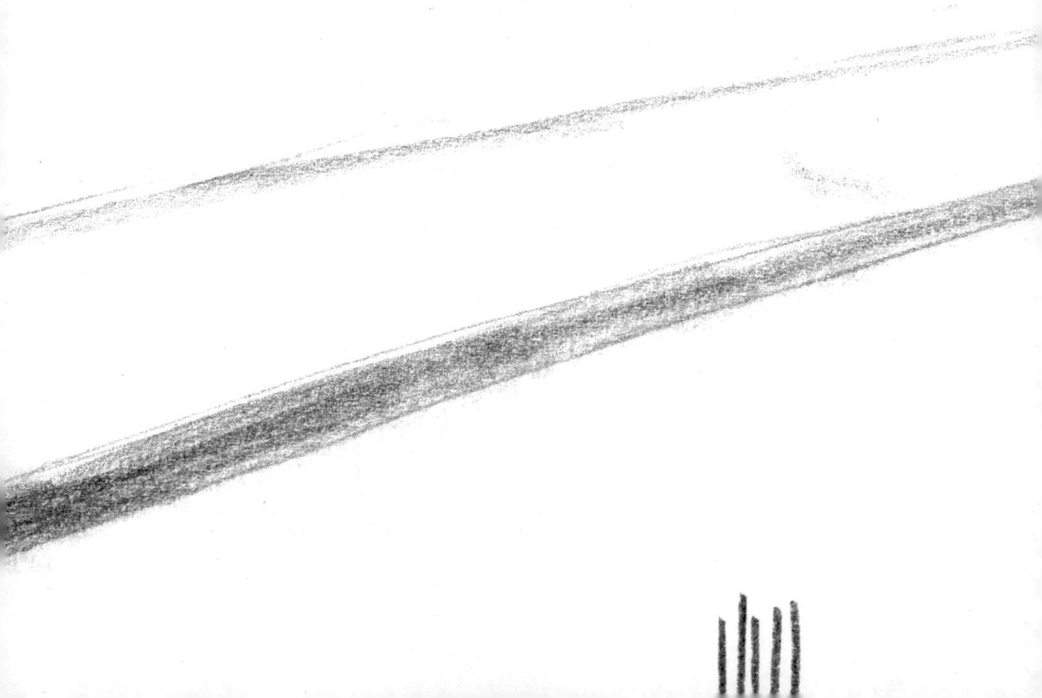

Auf ein Alt!

Das Altbier gehört im Rheinland zu den populärsten Getränken. Gerade durch seinen Geschmack hebt es sich von anderen Bieren ab – für „Nicht-Rheinländer" erstmal eine Umstellung.

Das dunkel bernsteinfarbene Altbier hat meist weniger Kohlensäure, aber dafür einen sahnigeren Schaum.

Es schmeckt herzhaft, rustikal bitter und aromatisch, was vom vielen Hopfen kommt – eben ein echtes Vollbier.

Kreativ mit Hopfen und Malz

Altbier-Heidelbeer-Pfannkuchen

Altbier-Spareribs

Salatwrap mit Pute und Altbier-Vinaigrette

Hacksteak in Biersauce

Altbier-Happen im Teigmantel

Altbier-Linsentopf mit Sauerkraut

Rouladen in Altbiersauce

Retro ist angesagt

Altbiersuppe

Bierfrikadellen

Altbier-Fleisch-Terrine

Fisch in Bierteig

Altbier-Haxen mit Bratkartoffeln

Altbiergulasch

Altbier-Koteletts mit Pommes frites

Altbierbraten mit Kartoffelspalten

Krustenbraten in Altbier

Jetzt wird's besonders

Heilbutt in Bierteig

Zander in Altbier-Honig-Sauce mit Graupenrisotto

Bier-Kaninchen mit Kirschen

Altbier-Lammmedaillons

Süß muss es sein

Altbiergelee

Altbier-Parfait mit Walnusssauce

Lebkuchen-Pudding mit Altbier-Sauce

Bierkuchen mit Rumtopffrüchten

Altbierbowle mit Erdbeeren und Sekt

Rhein
AL

Frankenheim
Füchschen
Schlösser
Paul-Klee-Platz
STADT
Kürzer
Marktplatz
Zum Schlüssel
Kö-
Königsallee
Uerige
Schumacher

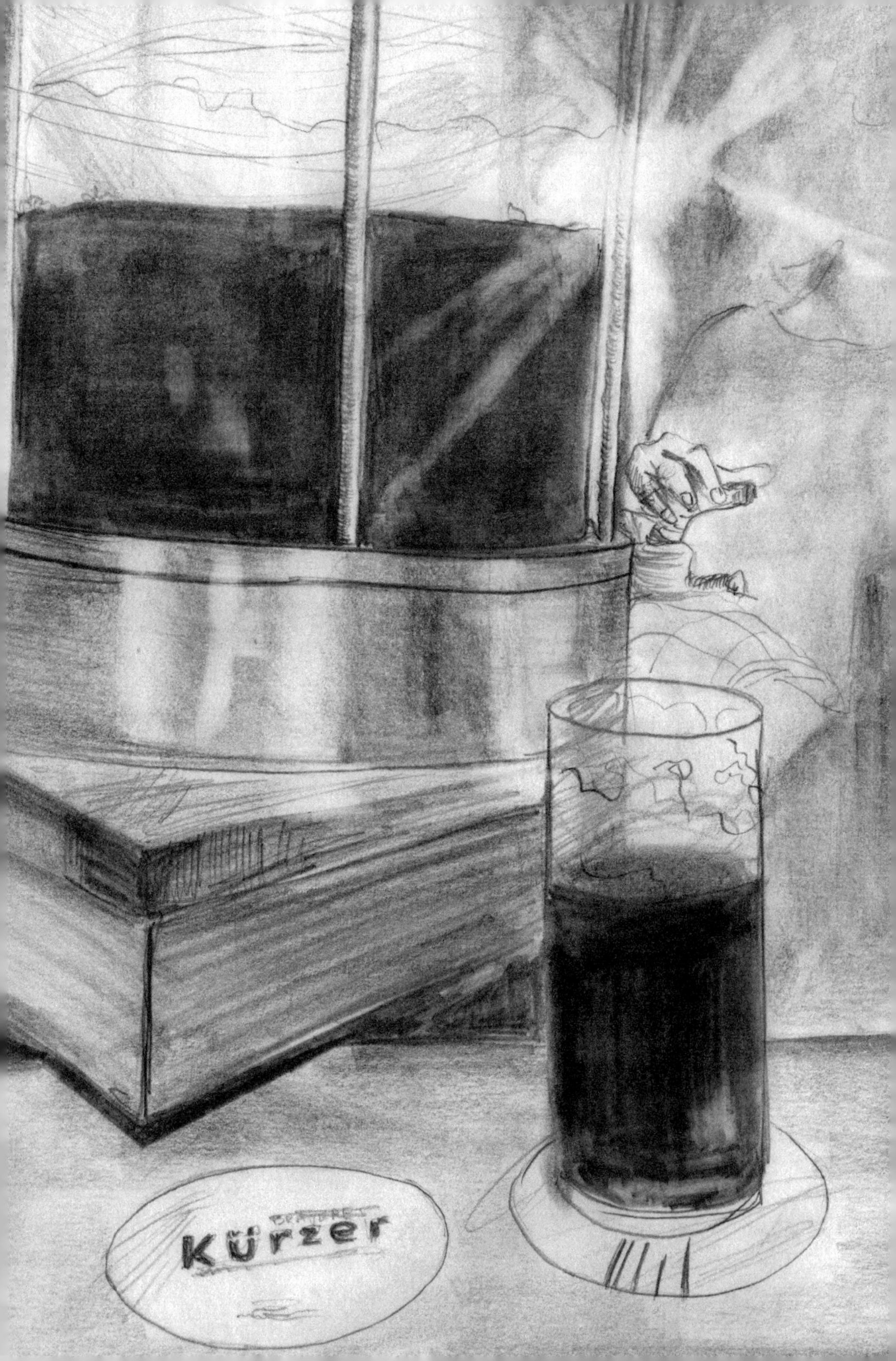
Kürzer

Kürzer

Mit der Hausbrauerei Kürzer hat sich der Gastronom und Inhaber der Kultkneipen Schaukelstühlchen und Quetsche, Hans-Peter Schwemin, 2010 einen lang gehegten Traum erfüllt: Er braut sein eigenes Altbier.

Um das würzig schmackhafte Altbier mit einem ordentlichen Hopfenton zu produzieren, wurden das in Bayern angefertigte Sudhaus und fünf Heißwassertanks auf der Kurze Straße 18–20 aufgestellt. Nun können dort etwa 160 Gäste ihr Kürzer Alt und kleinere Speisen mit Blick auf die Produktionsanlagen genießen.

Besonderheit: Im Kürzer kommt das Altbier aus durchsichtigen Fässern. So kann man das Altbier schon vor dem Zapfen in seiner vollen Pracht bewundern.

„Ich hatte mal eine komische Erfahrung. Ich weiß nicht genau, wie ich es beschreiben soll. Ein Typ hat mal zu mir gesagt, dass es nicht gerade weiblich ist, ein Altbier zu trinken. Hab daraufhin nur gesagt, dass es nicht gerade männlich sei, ein Kölsch zu trinken. Das war in Leverkusen. Also genau zwischen Düsseldorf und Köln."

– Vivien, 24

„Was ich mit Altbier verbinde: herb-süßlich, weicher Schaum, Opa und Oma, Genuss, Entspannung, Gemeinsamkeit, urig, Meter, Rauchgeruch, braun und natürlich Düsseldorf."

– Bianca, 24

„Früher mochte ich es nicht so sehr und habe versucht, in der Altstadt nur Pils zu trinken, aber als ich aus Düsseldorf wegziehen musste, hab ich Altbier erst schätzen gelernt. Seitdem schmeckt es mir sehr, sehr gut und auch immer ein wenig nach Heimat."

– Marcello, 22

„Ich hab mir das erste Mal mit 14 den Arsch damit vollgesoffen, seitdem trinke ich es nicht mehr ganz so gerne. Nur noch in Notfällen. Und wenn es nicht ganz so alt ist. Füchschen oder so."

– Holger, 54

BRAUEREI IM FUCHSCHEN

Füchschen

Nach dem Motto „Frisch. Frech. Fröhlich. Füchschen" zieht die Brauerei auf der Ratinger Straße vor allem junge Leute an. Besonders mittwochabends und am Wochenende, wenn im Sommer die Straße vom Studentenvolk und anderen Junggebliebenen bevölkert ist, ist hier der Fuchs los.

Nachweislich wird dort seit 1848 das herb-frische Alt im Zeichen des Fuchses gebraut, der die Hausfassade anstelle einer Hausnummer zierte. 1908 kaufte Theodor König zusammen mit seiner Frau Louise das Brauhaus und machte das Wahrzeichen zum Namensgeber: Die „Brauerei im Füchschen" war geboren.

Doch sechs Jahre später brach der Erste Weltkrieg aus. Die Wiedereröffnung 1930 erlebte Theodor König nicht mehr und das Traditionshaus wurde eine Zeit lang von der Erbengemeinschaft Gebrüder König weitergeführt.

Schon sechs Jahre später wurde Deutschland erneut von Kriegsvorbereitungen erfasst und von der Bombardierung Düsseldorfs blieb auch das Füchschen nicht verschont.

1950 nahm Peter „Pitter" König zusammen mit seiner Ehefrau Johanna die Gastronomie wieder auf und machte das Füchschen zum Treffpunkt Prominenter aus Kultur und Wirtschaft: Gustaf Gründgens nahm hier sein Bierchen ebenso wie Konzernchef Flick oder Joseph Beuys.

Als Baas Peter 1972 verstarb, führte seine Frau Johanna mit Sohn Peter, der schon im Hinblick auf die Nachfolge gelernte Brau- und Metzgermeister, die Geschäfte weiter. In der vierten Generation ist es wieder ein „Pitter", nämlich Peter König jr., der seit 1995 die Geschicke des Hauses lenkt. Er hat die Privatbrauerei einer Verjüngungskur unterzogen: Die Brauanlagen wurden modernisiert, deftige Speisen durch leichtere Gerichte ergänzt und der Veranstaltungskalender mit neuen Events gefüllt.

Frankenheim
Alt

Frankenheim

Der Brauereiausschank in Pempelfort ist immer eine gute Adresse, um ein frisch gezapftes Frankenheim Alt zu trinken und dazu den beliebten rheinischen Sauerbraten zu genießen.

Wer der Bierhappen überdrüssig ist und mal Lust auf etwas „Unrheinisches" hat, ist hier genauso gut bedient wie derjenige, der auf leichte Kost Wert legt, denn Sparerips und verschiedene Salatvariationen stehen auch auf der Speisenkarte.

XXIII

„Ich trinke es nicht oft, aber wenn, dann schmeckt es mir auch. Mein Freund kommt aus Düsseldorf und hat mich aufs Altbier gebracht."

– Constanze, 22

„Nachdem man den ersten Schluck probiert hat, wird es einem nie wieder möglich sein, ein anderes Bier im gleichen Maße zu genießen oder zu verehren. Deshalb steht einem beim Biertrinken außerhalb von Düsseldorf oftmals eine bittere Enttäuschung bevor. Man sollte sich also gut überlegen, ob man der Versuchung standhalten kann."

– Peter, 23

„Altbier schmeckt nicht schlecht. Aber Pils ist besser."

– Gerrit, 21

„Ich trinke eigentlich kein Altbier, aber in meiner Studienzeit habe ich Altbier-bowle für mich ent-deckt."

– Sylvia, 54

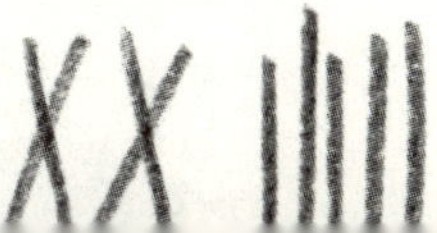

Schlösser
Alt

Schlösser Quartier Bohème

Mit dem Quartier Bohème geht Schlösser zurück zu seinen Wurzeln, denn 1873 wurde das Schlösser Alt zum ersten Mal auf der Ratinger Straße gebraut.

Heute gibt sich das Stammhaus modern und begeistert mit einem Mix aus regionaler Küche und mediterranen Klassikern Jung und Alt.

Und der angeschlossene Henkel-Saal rückt Veranstaltungen unterschiedlichster Couleur in das richtige Licht.

GEBRAUT SEIT 1838
Schumacher
Alt
IN DÜSSELDORF

Schumacher

Wer sich im Schumacher noch nicht den einzigartig leckeren Pillekuchen zu Gemüte geführt hat, sollte das unbedingt nachholen. Zwischen Holzvertäfelungen, Delfter Kacheln, riesigen Ölgemälden und immensen Blumengestecken lässt es sich der Düsseldorfer, Tourist oder Zugereiste an blank gescheuerten Holztischen mit dem typischen ABB-Senftöpfchen darauf gerne schmecken.

Bereits seit 1871 ist Schumacher auf der Oststraße ansässig, damals geführt von Ferdinand Schumacher. Sohn Fritz übernahm 1902 die elterliche Brauerei und der zweite Sohn Ferdinand kaufte die Bierbrauerei und Gaststätte Im Goldenen Kessel auf der Bolkerstraße, die ebenfalls noch heute existiert.

1919 erwarb Ferdinand II. von seinem Bruder Fritz die Brauerei an der Oststraße, stellte den Braubetrieb in der Altstadt ein und verpachtete Den Goldenen Kessel als Brauereiausschank an Josef Schnitzler.

Durch Bombenangriffe im Zweiten Weltkrieg teils zerstört, wurden Stammhaus und Goldener Kessel in den 1940er-Jahren nach und nach wieder aufgebaut.

1955 verkaufte Ferdinand II. das Unternehmen an seinen Neffen, den Braumeister Hans Schnitzler, und dessen Ehefrau Thea. Nach dem Tod von Thea Schnitzler im Jahr 1991 (Hans Schnitzler verstarb bereits 1966) übernahm Gertrud Schnitzler-Ungermann die Brauerei.

Unter ihrer Leitung wurde das Stammhaus auf der Oststraße 1997 kernsaniert, wobei das Ursprüngliche erhalten blieb: So wurden alle Holzvertäfelungen und Balken ausgebaut, restauriert und wieder eingebaut – und vielleicht haben schon unsere Großväter unter denselben Balken ihr Altbier bestellt wie wir heute.

„Mit dem Altbier verhält es sich für mich wie mit Tofu: Freut man sich auf ein saftiges Steak, ist die Enttäuschung groß. Begegnet man ihm jedoch unvoreingenommen, schmeckt es gar nicht mal schlecht. Nach zwei Jahren als Wahl-Düsseldorfer habe ich mich mittlerweile mit den anfangs noch ungewohnt kleinen Gläsern angefreundet und mag Altbier sogar ganz gerne. Es gehört einfach untrennbar zu einem gemütlichen Abend in der Düsseldorfer Altstadt. Und so erinnert sich der gebürtige Franke in mir auch nur noch gelegentlich daran, dass man mit einem solchen … bierähnlichen Getränk in meiner Heimat wohl bestenfalls die Braukessel ausspülen würde."

– **Benjamin, 29**

„Einmal in der Woche nach Feierabend am Stammtisch. Um Freunde zu treffen und abzuschalten, ist ein Altbier ein Muss. Als Kind, zusammen mit meinen Eltern, dachte ich, die Altstadt wäre die ganze Welt."

– Martina, 49

„Ich habe ja keinen besonderen Bezug zum Altbier. Jedoch habe ich den ersten Schluck Altbier damals von meinem Papa bekommen. Da muss ich auch heute immer noch dran denken, wenn ich mit meinen Freunden in der Brauerei sitze."

– Alexandra, 24

UERIGE ALLES AND
U
U

Uerige

Wenn Touristen an einem schönen Sommertag einen Rundgang durch die Düsseldorfer Altstadt machen, sich Rathaus, Reiterstandbild und Glockenspiel ansehen, wundern sich nicht wenige, wenn sie plötzlich auf eine große Menschenmasse treffen, die die ganze Straße Richtung Rhein bevölkert. Ein großes Event? Gibt's hier was umsonst? Nicht ganz – das ist eher ein ganz normaler Tag beim Uerige.

Fans stehen oder sitzen gerne an Tischen, lassen sich ihr Alt, einen Halven Hahn oder die Erbsensuppe schmecken und plaudern mit ihren Freunden und Sitznachbarn über Gott und die Welt. Sehen und gesehen werden – das ist nicht nur auf der Kö von Bedeutung.

1862 erwarb der Gastwirt und Bierbrauer Wilhelm Cürten das Weinlokal Bergischer Hof und machte daraus eine Brauerei. Als der „uerige Willem" (der schlecht gelaunte Wilhelm) 1886 verstarb, übernahm sein Sohn Max die Brauerei und sorgte für den nötigen technischen Fortschritt.

Nach dessen Tod ging der Uerige durch mehrere Hände, bis er schließlich im Zweiten Weltkrieg völlig zerstört wurde. Rudolf Arnold baute den Uerige wieder auf, eröffnete in seiner 40-jährigen Ära 1951 „Neweaan", die „Handwerkerstube" und 1974 das „Brauhaus".

Nach seinem Tod übernahmen Christa und Josef Schnitzler den Uerige und renovierten die Brauerei von Grund auf. Sohn Michael führt den Uerige heute noch und schenkt neben „dem leckeren Dröppke" auch die beiden Edeldestillate „Stickum" und „Stickum plus" in einem modernen Erweiterungsbau aus.

TRINK WAS KLAR
BRAUEREI
ZUM
SCHLÜSSEL

Zum Schlüssel

Etwas versteckt, direkt an der Neanderkirche, liegt der lauschige Biergarten der Hausbrauerei Zum Schlüssel, dessen Sitzplätze im Sommer besonders begehrt sind. Wer will, genießt den Platz in der Sonne, sonst bieten Bäume und Schirme die nötige Abschattung.

Das Stammhaus ist direkt gegenüber, für den stetigen Austausch von leeren gegen volle Altbiergläser ist also gesorgt. 1632 wurde erstmals eins der beiden Häuser auf der Bolkerstraße mit dem klangvollen Namen „Zu den drei Königen" erwähnt, damals im Besitz von Johann von Monheim.

1850 wurde von Jakob Schwenger eine Brauerei und Bäckerei in den Gebäuden errichtet, denn den Bäckern war es damals als einziger Berufssparte vorbehalten, mit Hefe zu arbeiten und ein „flüssiges Brot" anzubieten. Die Gebäude wurden später vereinigt und gingen in den Besitz des Brauers Josef Aders über.

In dieser Zeit erschien auch zum ersten Mal die Bezeichnung „Zum Schlüssel" als Name für die Brauerei. Damit wurde an den mittelalterlichen Brauch angeknüpft, der vorsah, die Schlüssel der Stadttore in nahe gelegenen Gasthäusern aufzubewahren.

1936 übernahm schließlich der Brauereibesitzer Karl Gatzweiler mit seiner Frau Maria und seinen beiden Söhnen Simon und Jakob den Schlüssel. Seitdem ist die Hausbrauerei Zum Schlüssel im Familienbesitz.

Brauhistorisch wurde eine jahrhundertealte Tradition der Familie Gatzweiler fortgesetzt: Seit 1313 war immer ein Familienzweig im Brauereiwesen tätig. 1990 wurde der Schlüssel aufwendig und vorlagengetreu umgebaut.

„Ich würde am liebsten nur Altbier trinken. Das Schumacher erinnert mich an meine Lehrjahre in Bayern, an das dunkle bayrische Bier. Das Schumacher Altbier müsste es überall geben."

– Ernst, 85

„Auf Altbier muss ich Bock haben. Wenn ich Altbier trinke, dann auch nicht wenig. Aufgrund der kleinen Gläser und dem entgegengesetzten starken Durst ist das Glas meist schon leer, nachdem der Kellner gerade wieder abgehauen ist."

– Simon, 25

„Ich finde es bitter. Es ist ein Männerbier. Aber an manchen Tag ist es auch einfach nur geil."

– Vesna, 23

„Altbier schmeckt am besten in der Altstadt. Außerhalb bekommt es gleich einen ganz anderen Geschmack, da die Atmosphäre und das typische Düsseldorfer Flair fehlen."

– Tabea, 22

Das rheinische Grundgesetz

Auch beim Kochen geht
nicht immer alles ganz glatt:

Wenn sich das heiße Fett
in eine Stichflamme ver-
wandelt, die Bratkartoffeln
wie Kohleeier aussehen
oder die widerspenstige
Keule des Gänsebratens
auf dem Schoß der
Schwiegermutter landet...

ist das noch lange kein Grund, den Kopf hängen zu lassen – besonders nicht für einen Rheinländer!

Für solche Fälle gibt es von jeher das Rheinische Grundgesetz, das, vermutet man, mindestens so alt ist wie die zehn Gebote.

– „Mache dir nichts vor und sieh den Tatsachen ins Auge."

XXXXI

Die Brauart

Woher kommt dieser gute Geschmack? Das Altbier wird nach alter Art, also obergärig, gebraut, daher auch sein Name. Das Untergärige, das

später überall in Deutschland getrunken wurde, war lange Zeit das „Neu-Bier". In den meisten Wirtschaften gab es seinerzeit beide Biere im Ausschank, das „neue" und das „alte" Bier. Was ist in diesem Bier

Kreativ mit

Hopfen und Malz

überhaupt drin? Und was bedeutet eigentlich obergärig? 1516 legte Herzog Wilhelm IV. das Reinheitsgebot fest, nach dem Altbier gebraut werden sollte. Lediglich Malz, Hopfen, Hefe und Wasser wurden ver-

wendet, sonstige Zutaten waren und sind bis heute, für ein echtes Altbier, tabu. Zur Zeit der Entstehung von Altbier gab es noch keine technische Kühlung, deswegen findet der Gärprozess bei einer höheren

Altbier-Heidelbeer-Pfannkuchen

Zubereitung

Die Eier und den Vanillin-Zucker verrühren, das Mehl langsam darübersieben und zu einer glatten Masse verarbeiten. Dann die Milch und das Altbier hinzufügen und den Teig 1 Stunde ruhen lassen.

In Pflanzenfett goldbraune Pfannkuchen braten. Die Heidelbeeren kurz in der Pfanne mit Butter und Zucker anschwenken und dekorativ auf dem Pfannkuchen anrichten, mit Puderzucker bestäuben und servieren.

Dauer – 80 Minuten
Menge – 4 Portionen

Einkaufsliste

200 ml Altbier
200 ml Milch
700 g Heidelbeeren
300 g Mehl
30 g Vanillin-Zucker
6 Eier
4 EL Butter
2 EL Pflanzenfett
1 TL Zucker
Puderzucker zum Bestäuben

Temperatur als bei einem untergärigen Bier statt. Aufgrund dieser Methode verbreitete sich die untergärige Brauweise im 19. Jahrhundert, da keine aufwendigen Eiskeller mehr benötigt wurden. Die dunkle Far-

Altbier-Spareribs

Zubereitung

Die Spareribs waschen, trocken tupfen, in einen Topf legen, mit so viel Wasser übergießen, dass sie bedeckt sind, und zum Kochen bringen. 1 Zwiebel und 1 Knoblauchzehe schälen, halbieren und mit in das Wasser geben. Etwa 30 Minuten simmern lassen.

Das Öl in eine Pfanne geben, die übrige Zwiebel schälen, würfeln und in dem Öl glasig schwitzen. Den Knoblauch abziehen und dazupressen. Das Bier angießen, etwas einreduzieren lassen und mit Ketchup, Tomatenmark, Honig, Senf und Worcestersauce in einer Schüssel verrühren. Das Paprikapulver zugeben und mit Salz, Tabasco und Pfeffer abschmecken.

Die Spareribs aus dem Sud nehmen und auf einen heißen Grill legen. Mit der Biersauce bestreichen und 15–20 Minuten unter gelegentlichem Wenden grillen. Dabei immer wieder mit der Marinade bestreichen und wenden.

Die Spareribs in einzelne Rippen teilen und auf Tellern angerichtet servieren. Dazu schmecken Kartoffelspalten oder Pommes frites.

Dauer – 80 Minuten
Menge – 4 Portionen

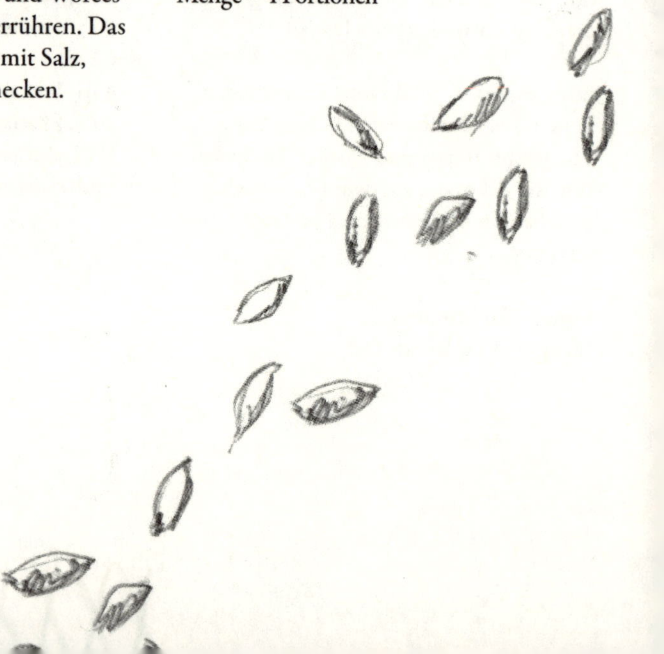

be des Altbiers rührt von einem höheren Anteil „Darmmalz" her, bei dessen Herstellung durch Röstung Farbstoffe entstehen. An Alkohol bringt es das Bier auf bis zu 4,9 Prozent, die Stammwürze beträgt bis

Einkaufsliste

200 ml Altbier
2 kg Schweinerippe, küchenfertig
2 Zwiebeln
2 Knoblauchzehen
3 EL Öl
2 EL Tomatenketchup
2 EL Tomatenmark
2 EL Dijonsenf
1 EL Worcestersauce
1 EL Paprikapulver
1 TL Honig, flüssig
Tabasco
Salz und Pfeffer

12 Prozent. Genießen sollte man es mit einer Temperatur von 8–10 °C. Serviert auf einem meist gekühlten Getränke-Tablett hat jeder Gast die Möglichkeit, schnell an sein frisch gezapftes Altbier zu kommen.

Salatwrap mit Pute und Altbier-Vinaigrette

Zubereitung

Die Salatblätter waschen, putzen, trocken schütteln und auf einen Teller legen. Die Putenbrust mundgerecht zerteilen. Die Gurke waschen, der Länge nach halbieren und die Kerne entfernen. In kleine Würfel schneiden. Die Möhre schälen und raspeln. Die Chilischote waschen, halbieren, entkernen und klein hacken. Den Knoblauch schälen und fein hacken und zusammen mit dem Chili kurz in heißem Öl anschwitzen.

Mit dem Altbier ablöschen, aufkochen lassen und vom Feuer nehmen. Mit dem Zucker und Limettensaft abschmecken und die Gurke, Möhre, Thai-Basilikum und Putenbrust untermengen. Auf das Salatblatt geben, einschlagen und servieren.

Dauer – 15 Minuten
Menge – 6 Portionen

Einkaufsliste

150 ml Altbier
500 g gegarte Putenbrust
5 Blätter Kopfsalat
1 Salatgurke
1 Möhre
1 Chilischote
1 Knoblauchzehe
2 EL Pflanzenöl
2 EL frisch gehacktes Thai-Basilikum
brauner Zucker
Limettensaft

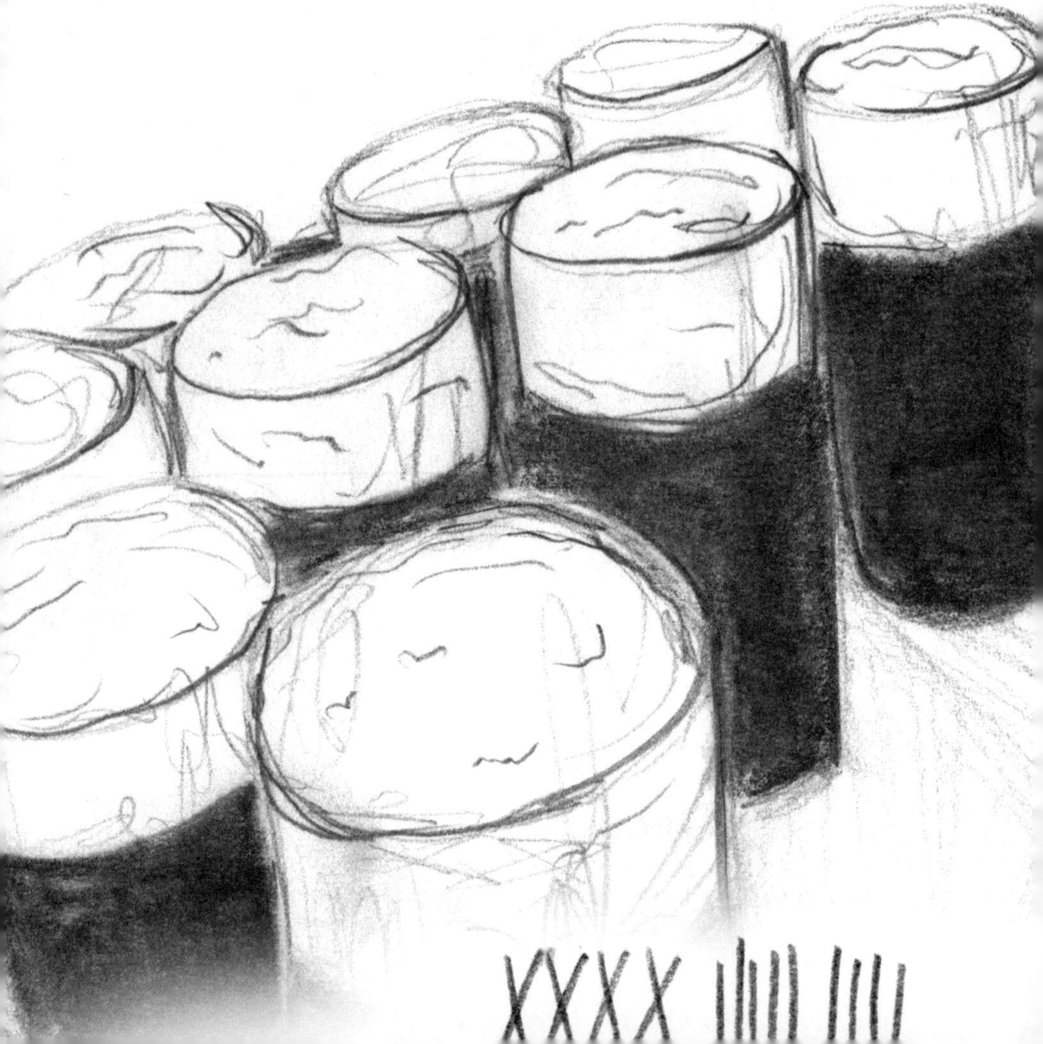

Et kütt wie
et kütt.
ARTIKEL ZWEI

– „Akzeptiere Veränderungen und lerne, damit umzugehen."

XXXXX I

Das Altbierglas, kurz und gut

So charakteristisch wie das Bier an sich, so auch das Altbierglas. Jede Brauerei besitzt Altbiergläser mit ihrem Wappen, die unter Sammlern

sehr begehrt sind. Mit einem Fassungsvermögen von 0,2 bis 0,25 Litern passen sich die Gläser perfekt dem Altbier an. In einigen Brauereien existieren auch Gläser mit einem Fassungsvermögen von

Hacksteak in Biersauce

Zubereitung

Die Zwiebeln schälen, fein würfeln und in Öl langsam glasig werden lassen. Das Hackfleisch mit dem Ei und den Zwiebeln kräftig durchmengen und würzen. Aus dem Teig 8 oder 12 Hacksteaks formen und etwas ruhen lassen. Die Knoblauchzehen schälen und grob hacken. Den Kümmel mit etwas Wasser anfeuchten und zerdrücken.

Das Öl in einer Pfanne erhitzen, die Hacksteaks hinlegen und auf jeder Seite etwa 2 Minuten braten. Herausnehmen und warm stellen. Das Fett abgießen, mit 1 TL Butter den Knoblauch und Kümmel in der Pfanne unter Rühren schwitzen lassen.

Nach etwa 3 Minuten mit dem Bier ablöschen und auf etwa die Hälfte einkochen. Die Butter einschwenken, die Sauce durchpassieren und abschmecken. Die Hacksteaks auf warmen Tellern anrichten und mit der Sauce überziehen.

Dauer – 40 Minuten
Menge – 2 Portionen

Einkaufsliste

125 ml Altbier
500 g Rinderhackfleisch
2 Knoblauchzehen
1 1/2 Zwiebeln
1 Ei
2 EL Olivenöl
1 EL Kümmel
2 TL Butter
1 TL Öl
Jodsalz und Pfeffer

0,4 Litern. Empfehlenswert ist diese Größe jedoch nur bei großem Durst und schnellem Austrinken. Denn, in großen Gläsern wird das Altbier aufgrund der obergärigen Brauweise schneller schal.

Altbier-Happen im Teigmantel

Zubereitung

Mehl, Salz und Bier zu einem glatten Teig verrühren. Die Eier trennen und das Eiweiß separat aufbewahren. Das Eigelb unter den Vorteig mischen. Nun sollte der Bierteig ca. 15 Minuten ruhen.

In der Zwischenzeit Quark, Joghurt und Crème fraîche vermischen. Den geschälten Knoblauch zerkleinern und mit der gehackten Zwiebel unterheben. Zitronensaft und Kräuter dazugeben und mit Salz und Pfeffer abschmecken.

Eiweiß steif schlagen und die Butter bei geringer Temperatur erwärmen, bis sie sich verflüssigt hat. Die ausgelassene Butter mit dem Teig verrühren und das steife Eiweiß vorsichtig unter den Bierteig heben. Ausgewählte Gemüsestücke waschen, ggf. schälen, in kleine Stücke schneiden und durch den Teig ziehen.

Einige Minuten frittieren, bis der Happen goldgelb ist. Herausnehmen, abtropfen lassen – und mit dem Joghurt-Kräuter-Dip schmecken lassen.

Dauer – 50 Minuten
Menge – 4 Portionen

Einkaufsliste

– Altbier-Happen:
8 EL Altbier
1 l Frittierfett
500 g verschiedene Gemüsestücke und -stifte (z. B. Blumenkohl, Champignons, Kohlrabi, Zucchini)
150 g Mehl
40 g Butter
2 Eier
1/2 TL Salz

– Joghurt-Kräuter-Dip:
120 g Quark
120 g Natur-Joghurt
60 g Crème fraîche
2 Knoblauchzehen
1 kleine Zwiebel
3 EL gemischte Kräuter
1 EL Zitronensaft
Salz und Pfeffer

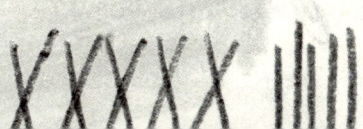

– **„Bleibe auch in kritischen Situationen gelassen. Es gibt immer einen Ausweg."**

XXXXX IIIII II

Der Schaum

Der Schaum auf dem Bier sieht nicht nur hübsch aus, sondern ist auch ein Zeichen für Qualität. Zum einen zeigt er, dass das Bier das richtige

Maß an Kohlensäure enthält. Zum anderen deutet der Schaum an, dass die Würze richtig zusammengestellt war. Ein echter Fachmann kann aus der Konsistenz des Schaums einige Details ablesen. Außer-

Altbier-Linsentopf mit Sauerkraut

Zubereitung

Zwiebeln pellen und würfeln. Sauerkraut ausdrücken, den Saft auffangen. Knoblauch pellen und fein würfeln. Öl in einem großen Topf erhitzen, Zwiebeln darin braun anbraten. Sauerkraut, Knoblauch, Kümmel, Lorbeer, Senfsaat, Zucker und Senf zum Kraut geben. Majoranblättchen fein hacken und die letzten 2 Minuten mitkochen.

Den Eintopf mit Salz und Pfeffer würzen und esslöffelweise mit Sauerkrautsaft abschmecken. Heiß servieren.

Dauer – 80 Minuten
Menge – 6 Portionen

Einkaufsliste

700 ml Altbier
750 g Kassler ausgelöst
400 g Gemüsezwiebeln
150 g Tellerlinsen
30g Zucker
3 Zweige Majoran
2 Lorbeerblätter
1 Dose Sauerkraut
1 Knoblauchzehe
1 Bund Suppengrün
5 EL Öl
1 EL Senf, mittelscharf
1 TL Kümmelkörner
1 TL Senfsaat
Salz und Pfeffer

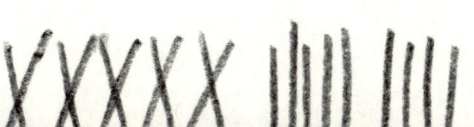

dem geben die feinen Bläschen Auskunft über die Sauberkeit. Zu wenig Kohlensäure-Sättigungsdruck im Leitungssystem der Zapfanlage, verschmutzte Bierleitungen sowie Biergläser, die durch ungenügende

Reinigung einen Fettfilm aufweisen, sind die größten Feinde des Bierschaums. Ein weiterer Faktor ist die Kohlensäure, die nicht im Bierfass enthalten ist, sondern erst beim Zapfen freigesetzt wird, da sie als gas-

Rouladen in Altbiersauce

Zubereitung

Das Fleisch von Fettresten säubern, mit dem Handballen leicht klopfen, salzen und pfeffern. Mit Schinken und Käse belegen, mit Paprika bestäuben und einrollen. Mit einer Rouladennadel feststecken und im heißen Öl rundum anbraten.

Die Rouladen herausnehmen und warm halten. Das Öl abgießen, die Butter im Topf zerlassen, die geschälten Knoblauchzehen und den zerdrückten Kümmel unter Rühren 2 Minuten anschwitzen.

Dann mit dem Bier ablöschen und einmal aufkochen lassen. Die Rouladen wieder hineinlegen und zugedeckt bei milder Hitze oder besser noch im vorgeheizten Ofen (Ober-/Unterhitze: etwa 200 °C; Heißluft: etwa 180 °C) etwa 25 Minuten garziehen lassen. Die Rouladen herausnehmen und warm stellen. Den Fond etwas einkochen lassen.

Die Rouladen auf warmen Tellern anrichten und mit dem durchpassierten Fond übergießen.

Dauer – 35 Minuten
Menge – 2 Portionen

Einkaufsliste

125 ml Altbier
8 g Kümmel
2 Scheiben Schwein Unterschale à 150 g
2 Scheiben gekochter Schinken
2 dünne Scheiben Emmentaler
1 Knoblauchzehe
1 EL Butter
Paprika, edelsüß
Salz und Pfeffer

förmige Substanz vorhanden ist. Diese hilft dem Bier, die Geschmacksstoffe freizusetzen. Das Aroma kann sich dadurch richtig entfalten. Ein kaltes Glas ist optimal für den Genuss des Altbiers.

Retro ist angesagt

X XXXXX |||

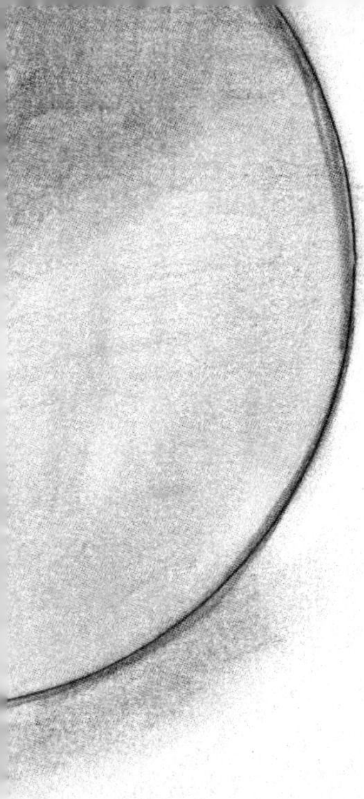

– „Trauere nicht der Vergangenheit nach."

Wat fott es
es fott.
ARTIKEL VIER
X XXXXX IIIII

Der Bierdeckel

Der Ursprung des Bierdeckels reicht zurück ins 19. Jahrhundert. Während die reicheren Leute ihr Bier aus Zinn- oder Silberkrügen, den

sogenannten Bierseideln mit einem dazugehörigen Deckel, tranken, benutzten die einfacheren Leute Krüge ohne Deckel. Um sein Bier vor Verunreinigung zu schützen, nutzte man Filz zum Abdecken. Später

Altbiersuppe

Zubereitung

Den Toast ohne Rinde würfeln und in der Butter knusprig anbraten. Das Altbier mit Zimtstange und abgeriebener Zitronenschale erhitzen, aber nicht kochen lassen. Eigelb mit Zucker und Sahne im sehr heißen Wasserbad schaumig rühren, dann das gesiebte heiße Bier unter ständigem Rühren dazugeben. In Suppentassen füllen, die Croûtons daraufstreuen und servieren.

Die Altbiersuppe kann auf eine lange Tradition zurückblicken. Dieses Rezept stammt aus dem Jahr 1711:
„Nimm 1 Schoppen Bier, 1/4 Schoppen Wein, thue es zusame in eine Pfanne und schaeume es unterm kochen wohl, hernach schlage 3 Eierdotter auf einen Teller, und thue ein paar Loeffel voll Rahm dazu, schuette ein wenig Bruehe aus der Pfanne drauf, und ruehre es durcheinander, und schuette es wiederum hinein, hernach roeste ein wenig wuerflich geschnittenen Weck wohl in Butter, und thue ihn hienein, und lass ihn mit aufkochen, thue auch ein wenig Zimmet und kleine Rosinen hienein, und ein wenig Zucker. Als dann richte es an."

Dauer – 20 Minuten
Menge – 4 Portionen

Einkaufsliste

600 ml Altbier
300 ml Sahne
85 g Zucker
4 Eigelb
4 Scheiben Toast
1 Stange Zimt
1 Zitrone, unbehandelt
Butter

stanzte eine Kartonagenfabrik die Untersetzer aus Pappe, die mit Motiven bedruckt wurden. So entstand der Nutzen für die Werbeindustrie. Wie jede Brauerei ihre Eigenheiten hat, so hat auch jede ihren

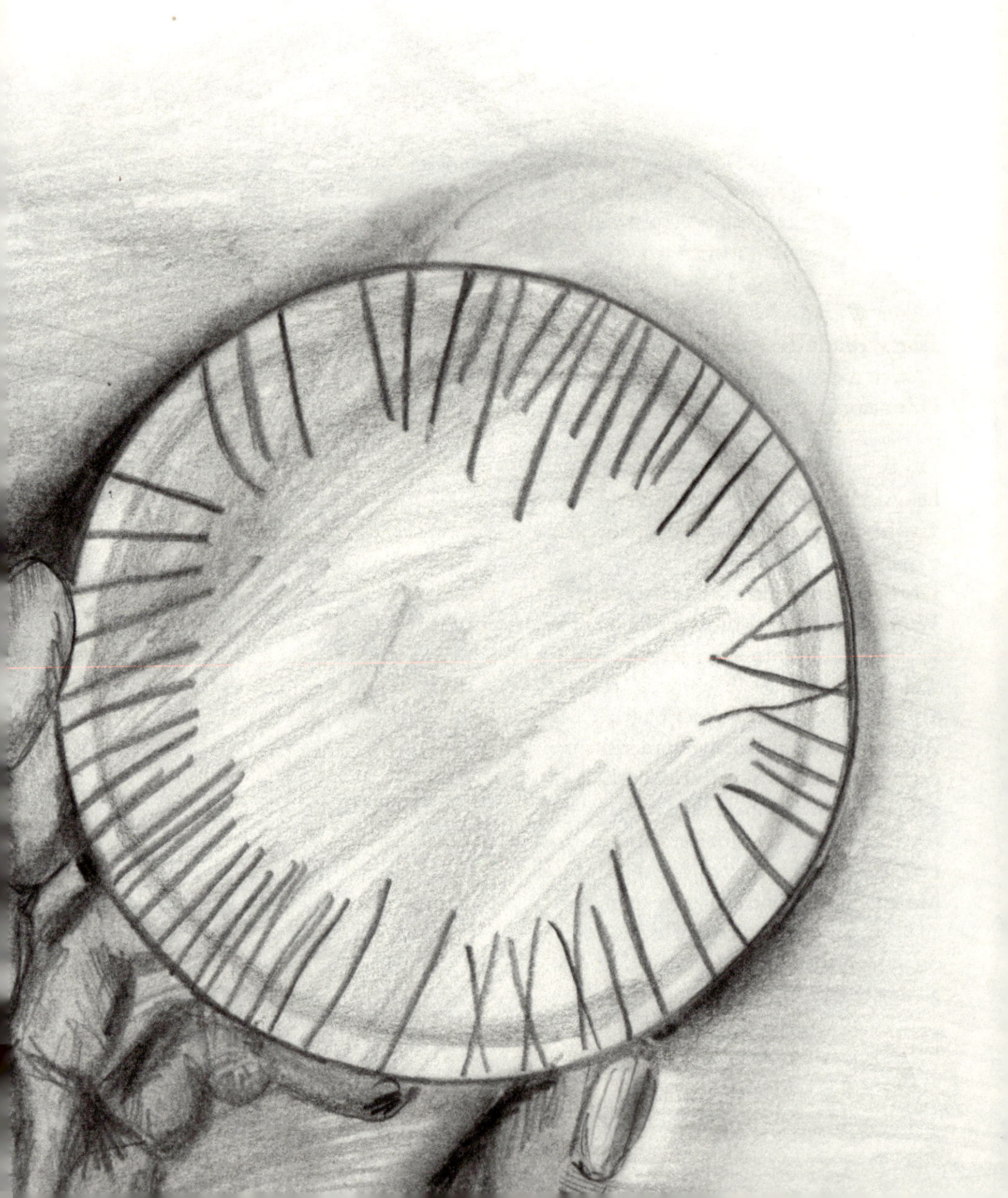

eigens gestalteten Bierdeckel. Meist versehen mit der Bildmarke der Brauerei, aber auch zu besonderen Anlässen oder Spielereien extra produziert, erfreuen sich Sammler über jeden neuen Aufdruck. Der Bier-

Bierfrikadellen

Zubereitung

Die Brötchen im Bier einweichen. Zwiebeln schälen und fein würfeln. Petersilie waschen, trocken tupfen und fein hacken.

Die Brötchen ausdrücken und zu dem Hackfleisch geben. Mit Zwiebeln, Petersilie, Eiern und Senf vermengen und kräftig würzen.

Aus der Masse Frikadellen formen und in Butter von beiden Seiten etwa 8 Minuten anbraten.

Dauer – 15 Minuten
Menge – 4 Portionen

Einkaufsliste

250 ml Altbier
500 g gemischtes Hackfleisch
2 altbackene Brötchen
2 Zwiebeln
2 Stängel Petersilie
2 Eier
1 TL Senf
Salz und Pfeffer

deckel hat zudem eine weitere praktische Funktion. Dieser wird von den meisten Brauereien, Kneipen und deren Kellnern als Rechnung genutzt. Die zuvor vermerkten Kreuze, Striche – für ein Altbier – und

direkten Vermerke von Likören werden summiert und durch eventuelle Speisen ergänzt. Somit ist dem Gast auch auch immer bewusst, wie viel er denn zahlen muss und wann vielleicht auch mal Schluss sein sollte.

Altbier-Fleisch-Terrine

Zubereitung

Möhren, Lauch, Zwiebel und Knoblauch putzen und würfeln. In einem Schmortopf Butterschmalz erhitzen und Gulasch darin kräftig anbraten. Zwiebel und Knoblauch zufügen und auf mittlerer Temperatur kurz mitbraten. Möhren und Lauch zufügen und unter das Gulasch mischen. Mit Pfeffer, Salz und Kümmel würzen.

Altbier angießen und einen Deckel auflegen. Bierfleisch auf mittlerer Temperatur etwa 45 Minuten schmoren lassen. Kartoffeln schälen und würfeln. Kartoffelwürfel und Thymianzweige zum Bierfleisch geben und weitere 30 Minuten schmoren lassen.

Danach die Thymianzweige entfernen und das Bierfleisch mit Rotweinessig und Zucker würzen. Sellerie schälen und klein schneiden. In einer Pfanne Butterschmalz erhitzen. Selleriewürfel darin kurz anbraten, abtropfen lassen und vor dem Servieren zum Bierfleisch geben.

Dauer – 120 Minuten
Menge – 5 Portionen

Einkaufsliste

500 ml Altbier
800 g Rindergulasch
300 g Kartoffeln, festkochend
100 g Sellerie
4 Möhren
3 Zweige Thymian
2 Stangen Lauch
1 Knoblauchzehe
1 Zwiebel
2 EL Butterschmalz
1 EL Rotweinessig
1 TL Zucker
Kümmel, gemahlen
Salz und Pfeffer

Legt man seinen Bierdeckel auf das Glas, verdeutlicht man dem Kellner, dass man seiner Schnelligkeit nicht nachkommt oder für den Abend durch ist.

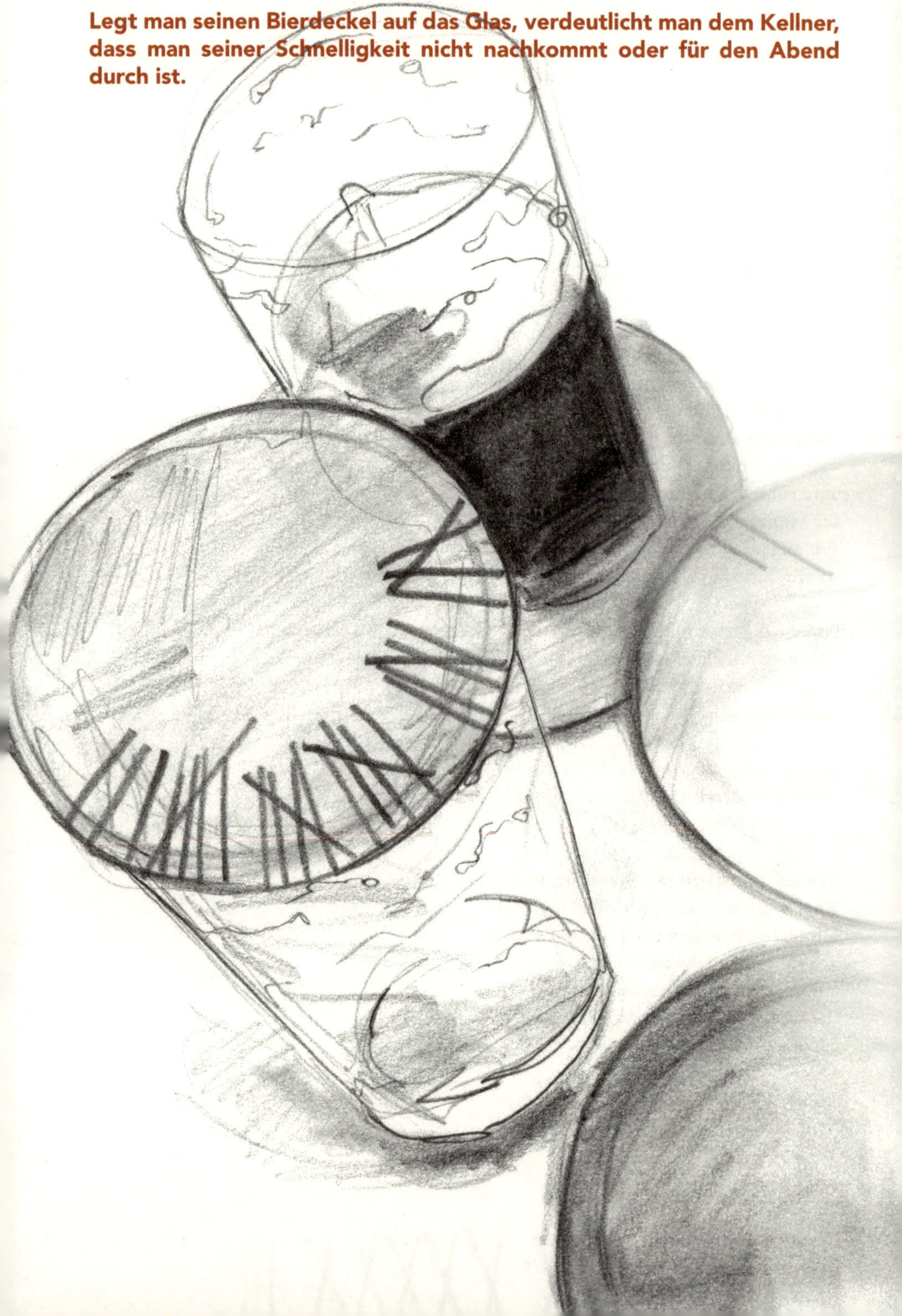

Fisch in Bierteig

Zubereitung

Eier trennen und das Eiweiß kalt stellen. Das Eigelb mit Bier, Milch, 2 Prisen Salz und 1 Prise Zucker verquirlen. Petersilie waschen, trocken schleudern, hacken und unterrühren. Masse mit 200 g Mehl in einer Schüssel gründlich verrühren und den Teig zugedeckt 20–30 Minuten quellen lassen.

Fischfilets kalt abspülen und trocken tupfen. Fisch mit Zitronensaft und Worcestersauce beträufeln, mit dem Senf bestreichen und im restlichen Mehl wenden.

Eiweiß steif schlagen. Eischnee portionsweise unter den Bierteig heben, damit der Teig schön luftig wird.

Reichlich Öl in einem Topf erhitzen. Sobald sich an einem Holzlöffel kleine Luftbläschen bilden, den Fisch durch den Teig ziehen und etwa 6 Minuten im Öl ausbacken, dabei einmal wenden. Den Backfisch vor dem Servieren auf Küchenpapier abtropfen lassen.

Dauer – 35 Minuten
Menge – 4 Portionen

Einkaufsliste

2 Eier
6 EL Weizenbier
8 EL Milch
Salz
Zucker
1 Stängel Petersilie
250 g Mehl
4 Seehechtfilets (à 150 g)
2 EL Zitronensaft
1 EL Worcestersauce
2 EL Senf
Öl zum Ausbacken

Et bliev nix
wie et wor.
ARTIKEL FÜNF

– „Sei immer offen für neue Wege und neue Lösungen."

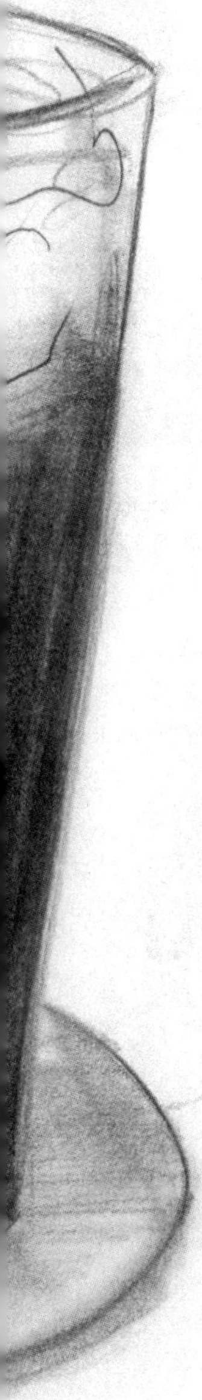

XX XXXXX IIIII

Der Köbes

Kö|bes, der; Kellner, der in Düsseldorf, Köln, Krefeld, Bonn und Umgebung in Brauhäusern Bier serviert. Traditionell trägt er eine blaue

Schürze aus Leinen mit einer umgeschnallten ledernen Bauchtasche. Der Köbes – trotz fortschreitender Emanzipation immer noch ein Männer-Beruf – ist unverzichtbarer Bestandteil der rheinischen Brau-

hauskultur. Seine eigensinnige und ruppige Art des Servierens ist einmalig: Wenn das Bierglas leer ist, wird der Gast unverzüglich mit einem neuen versorgt – und das so lange, bis der Gast betrunken

Altbier-Haxen mit Bratkartoffeln

Zubereitung

Die Haxen mit Salz und Pfeffer würzen und in einem auf 200 °C vorgeheizten Backofen in einem Bräter mit wenig Öl garen. In der Zwischenzeit das Gemüse in kleine Würfel schneiden.

Nach 40 Minuten mit Lorbeerblättern, Nelken und Kümmel zum Fleisch geben und 10 Minuten mitbraten. Dann mit Altbier und der Fleischbrühe ablöschen und bei 150 °C noch 1 Stunde schmoren lassen.

Die Kartoffeln waschen und in Salzwasser zum Kochen bringen. Bei mittlerer Hitze etwa 25 Minuten kochen lassen, abgießen und kurz im Topf abdämpfen.

Kartoffeln pellen, in Scheiben schneiden, Zwiebeln schälen und würfeln. Das Pflanzenfett in einer Pfanne erhitzen und die Kartoffeln bei mittlerer Hitze 8–10

unter dem Tisch oder der Bierdeckel sicher auf dem Glas liegt. Übrigens: Eine Einladung des Gastes zu einem Alt schlägt selten ein Köbes aus. Alkoholfreie Getränke indes werden nur ungern zur

Minuten braten, dann wenden. Nun die Zwiebeln hinzugeben und braten, bis sie goldgelb sind. Mit Salz und Pfeffer abschmecken.

Die Haxen aus dem Bräter nehmen und warm halten. In den verbliebenen Bratensaft den Senf einrühren, schließlich das Mehl mit etwas Wasser vermengen, in die sauce geben und einmal kräftig aufkochen lassen, durchpassieren und über die Haxen geben.

Dauer – 60 Minuten
Menge – 4 Portionen

Einkaufsliste

250 ml Altbier
500 ml Fleischbrühe
100 g Sellerie
4 Schweinehaxen
4 Nelken
2 Lorbeerblätter
1 große Zwiebel
1 Möhre
3 EL Öl
1 TL Kümmel, gemahlen

Kenntnis genommen. Bei der Bestellung eines Wassers kommt schon mal die Frage auf: „Willste auch en Handtuch un Seife dazu?“

Altbiergulasch

Zubereitung

Das Gulasch im Butterschmalz scharf anbraten. Zwiebeln schälen, klein hacken, mit dem Speck zum Gulasch geben und glasig werden lassen. Senf und Tomatenmark kurz mit anschwitzen.

Mit dem Altbier ablöschen und dann stark köcheln lassen, bis sich die Flüssigkeit auf die Hälfte reduziert hat. Dann mit Brühe angießen. Die Tomaten mit heißem Wasser übergießen, häuten und würfeln. Möhren und Paprika waschen und in Stifte schneiden. Alles in den Topf geben und bei mittlerer Hitze ca. 1 Stunde kochen lassen, dabei gelegentlich umrühren.

Mit Paprikapulver, Salz und Pfeffer abschmecken. Eventuell die Sauce mit Mehl oder Stärke andicken. Mit gehackter Petersilie bestreuen.

Dauer – 120 Minuten
Menge – 4 Portionen

Einkaufsliste

1 Flasche Altbier
1 l Fleischbrühe
150 g geräucherte Speckwürfel
1 kg Gulasch (je nach Belieben Rind, Schwein oder Pute)
3 Strauchtomaten
3 Möhren
2 rote Paprika
2 Zwiebeln
3 EL Tomatenmark
2 EL Butterschmalz
2 EL scharfer Senf
Paprikapulver, rosenscharf
Petersilie
Salz und Pfeffer

Kenne mer nit,
bruche mer nit,
fott domit.
ARTIKEL SECHS

– „Bleibe skeptisch – nicht alles Neue ist praktisch, gut oder hilfreich.“

Wer ist eigentlich dieser Köln?
Die kleine Rivalität zwischen Düsseldorf und Köln um das leckerste Bier am Rhein führte auch zu dem ein oder anderen Gerücht. So wurde

von Bewohnern einer Stadt mit einem hohen Bauwerk mit zwei Türmen jahrhundertelang erzählt, dass die Bezeichnung „Altbier“ da herrühre, dass das ausgeschenkte Bier alt sei. Düsseldorfer wundern sich

Altbier-Koteletts mit Pommes frites

Zubereitung

Die Schweinekoteletts übereinander in eine hohe Schüssel legen. So viel Bier darübergießen, dass die Fleischstücke eben davon bedeckt sind. Schüssel verschließen und in den Kühlschrank stellen.

Die Koteletts 2–3 Stunden darin marinieren. Die Kartoffeln waschen, schälen, erst in Scheiben, dann in Stäbchen schneiden. Die Stäbchen nochmals waschen und trocken tupfen. Öl erhitzen, portionsweise die Kartoffeln hineingeben und etwa 3 Minuten frittieren. Herausnehmen, abtropfen und abkühlen lassen. In heißem Öl die vorfrittierten Pommes frites nochmals etwa 2 Minuten backen.

Vor dem Grillen die Fleischstücke aus der Biermarinade nehmen und trocken tupfen. Anschließend mit Majoran einreiben. Von beiden Seiten in 10–12 Minuten gar grillen. Dann leicht mit Salz und frisch gemahlenem Pfeffer würzen und servieren.

Dauer – 40 Minuten
Menge – 4 Portionen

Einkaufsliste

1 Flasche Altbier
800 g Kartoffeln, festkochend
750 ml Öl
4 Schweinekoteletts
Majoran
Salz und Pfeffer

immer wieder über diese unsouveräne Art des Umgangs mit den lieben Nachbarn und schütteln amüsiert die Köpfe – mer muss och jünne könne –, denn Alt ist das in Deutschland am weitesten verbreitete

obergärige Bier. Früher war es tatsächlich fast nur in der Gegend von Düsseldorf und Köln, Krefeld und Wuppertal zu haben, doch inzwischen hat es seinen Siegeszug durch ganz Deutschland hinter sich

Altbierbraten mit Kartoffelspalten

Zubereitung

Den Braten salzen und kräftig mit Pfeffer einreiben. In etwas Butterschmalz scharf anbraten und den Speck sowie die in Streifen geschnittenen Zwiebeln dazugeben.

Wenn Speck und Zwiebeln glasig angebraten sind, mit dem Altbier angießen, etwas Thymian dazugeben, zudecken und den Braten ca. 1 Stunde auf dem Herd bei mittlerer Hitze schmoren lassen.

Den Ofen auf 200 °C vorheizen. Den Bräter unten in den Ofen stellen und den Braten darüber auf einen Rost legen. Etwa 45 Minuten braten und dabei regelmäßig übergießen. Im Bräter sollten noch ca. 500 ml Sauce übrig bleiben.

Die gewaschenen und in Spalten geschnittenen Kartoffeln in eine Schüssel geben. Mit dem klein geschnittenen Knoblauch, dem Sonnenblumenöl und dem Salz mischen. Semmelbrösel dazugeben und nun die Spalten auf ein mit Backpapier ausgelegtes Blech legen. Im vorgeheizten Ofen bei 210 °C ca. 25 Minuten backen.

Dauer – 30 Minuten
Menge – 4 Portionen

Einkaufsliste

– Altbierbraten:
2 Flaschen Altbier
200 g durchwachsener Speck
500 g Zwiebeln
1 kg Schweinebraten aus der Schulter
Butterschmalz
Thymian
Salz und Pfeffer

– Kartoffelspalten:
8 Kartoffeln, festkochend
1 Knoblauchzehe
3 TL grobes Salz
3 EL Semmelbrösel
2 EL Sonnenblumenöl

XXX XXXXX |||||| ||

und man kann es, in Flaschen, überall bekommen. Gebraut wird es jedoch nur am Niederrhein. Das meistverkaufte Altbier Deutschlands stellt die Brauerei Diebels in Issum her. Die älteste ununterbrochen

Krustenbraten in Altbier

Zubereitung

Fleisch abspülen und trocken tupfen. Die Schwarte rautenförmig einritzen und mit Nelken spicken. Fleisch mit der Schwarte nach oben in einen Bräter legen. Zwiebeln schälen, vierteln und zusammen mit den Lorbeerblättern zum Fleisch geben.

Senf, Honig, Tomatenmark und etwas Bier verrühren und mit Zucker, Salz und Pfeffer abschmecken. Den Braten damit einpinseln. 500 ml Salzwasser zum Kochen bringen und die Hälfte zum Braten gießen. Im vorgeheizten Backofen bei 180 °C etwa 1 Stunde garen, dabei immer wieder mit der Tunke bestreichen.

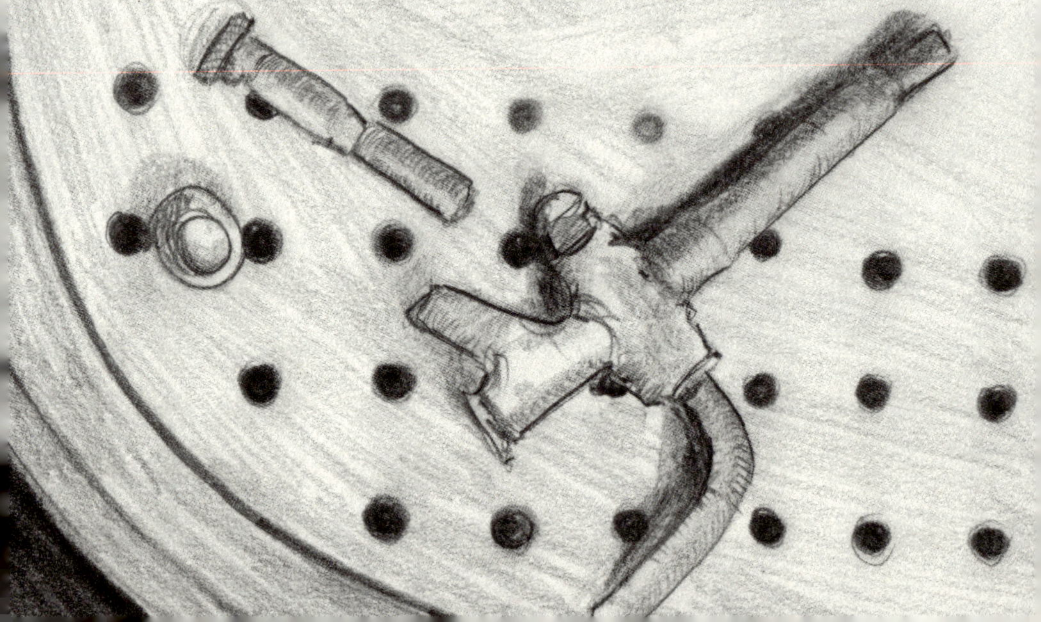

existierende Altbierbrauerei ist die Bolten-Brauerei in Korschenbroich bei Mönchengladbach, die seit 1266 Altbier braut.

Anschließend die Hitze auf 220 °C erhöhen, das restliche Salzwasser zufügen und weitere 30 Minuten garen, währenddessen das Fleisch hin und wieder mit Bratensaft übergießen. Dann das Fleisch mit dem restlichen Bier einpinseln und weitere 15 Minuten garen.

Nach Ende der Garzeit das Fleisch aus dem Bräter nehmen, die Sauce durch ein Sieb passieren und mit Salz und Pfeffer aufkochen. Braten in Scheiben schneiden und mit der Sauce servieren. Dazu schmecken Pommes frites oder Bratkartoffeln.

Dauer – 120 Minuten
Menge – 3 Portionen

Einkaufsliste

125 ml Altbier
1 kg Schweinefleisch mit Schwarte
8 Nelken
2 Zwiebeln
2 Lorbeerblätter
2 TL Senf
2 TL Honig
1 TL Tomatenmark
Zucker
Salz und Pfeffer

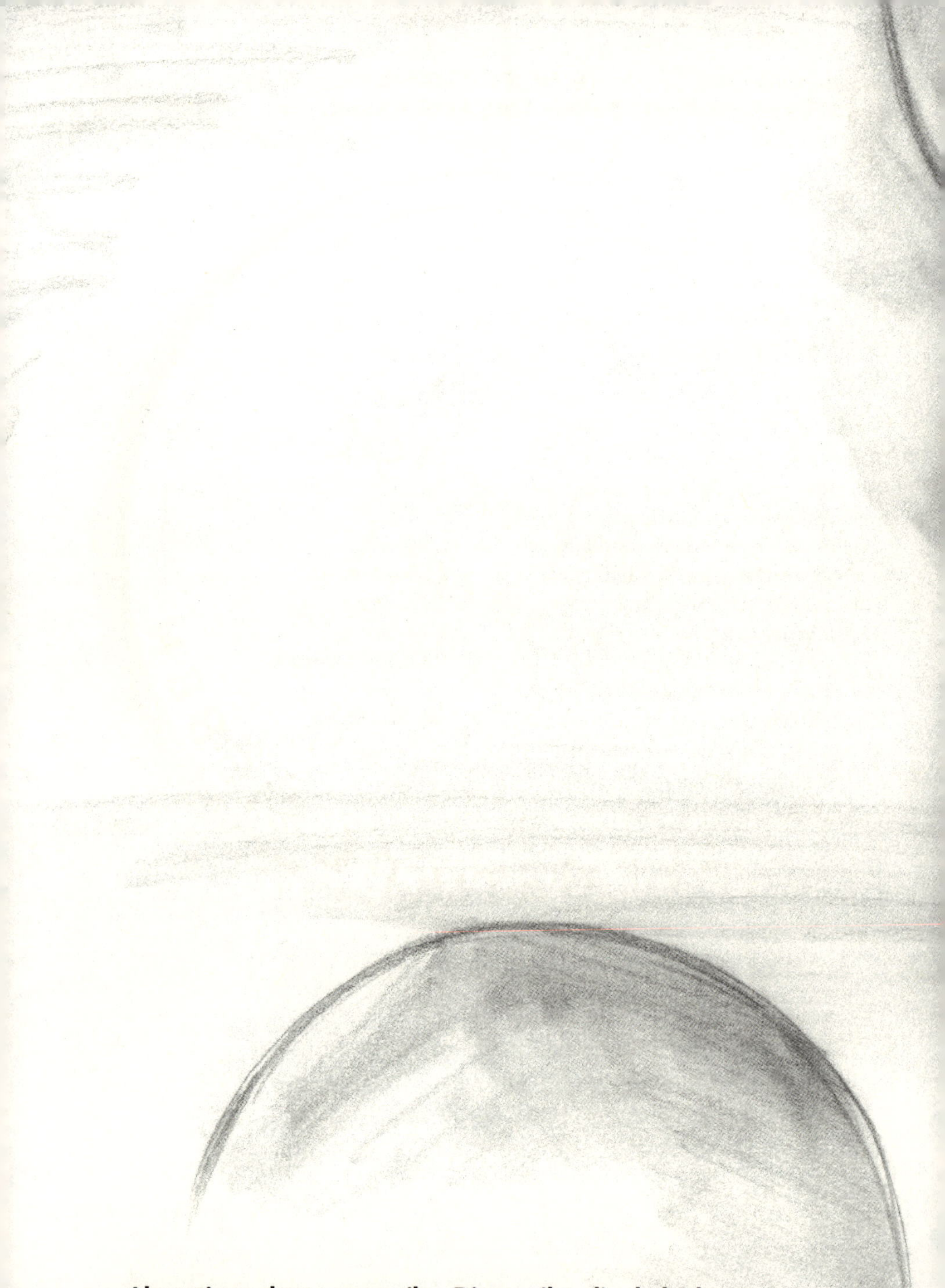

– „Akzeptiere, dass es zuweilen Dinge gibt, die du leider auch nicht ändern kannst.“

Wat wellste maache?
ARTIKEL SIEBEN

Düsseldorfer Kultliköre

Nicht nur das Altbier ist eine Düsseldorfer Spezialität, sondern auch Schnaps gilt als Markenzeichen der Stadt. Vom süßen Likör bis zum

scharfen Korn – Düsseldorfer Schnaps gibt es in vielen Variationen. Nicht unüblich ist hierbei das gute alte „Herrengedeck". Darunter versteht man ein Bier und einen Schnaps. Einer der wohl bekann-

Jetzt wird's besonders

testen ist der Killepitsch, ein Likör aus 100 Kräutern, der nach einem geheimen Familienrezept aus natürlichen Rohstoffen hergestellt wird. Entstanden ist der Name Killepitsch angeblich in einem Dialog zwischen

Hans Müller-Schlösser, dem Schöpfer von „Schneider Wibbel", und Willi Busch. Sie sollen in einem Luftschutzkeller gesessen haben, während Willi Busch sagte: „Bevor sie ons kille, losse mer uns noch eene pitsche."

Heilbutt in Bierteig

Zubereitung

Die Eier trennen. Aus Mehl, Salz, Bier und Eigelb einen glatten Teig rühren und anschließend etwa 15 Minuten ziehen lassen. Heilbutt waschen, trocken tupfen und in mundgerechte Stücke teilen. Salzen, pfeffern und mit etwas Zitronensaft beträufeln.

Die Butter erwärmen und zum Teig geben. Das Eiweiß steif schlagen und vorsichtig unterheben. Die Fischhappen durch den Teig ziehen und im Fett goldgelb ausbacken. Vor dem Servieren auf Küchenpapier abtropfen lassen.

Dauer – 30 Minuten
Menge – 4 Portionen

Einkaufsliste

10 EL Altbier
150 g Mehl
40 g Butter
4 Heilbuttfilets (à 150 g)
1 l Fritierfett
2 Eier
1/2 TL Salz
Zitronensaft
Salz und Pfeffer

1955 eröffnete die Familie Busch die erste Probierstube, „Et Kabüffke", im Herzen der Altstadt. Seit 2005 wird der beliebte und mittlerweile über Düsseldorfs Grenzen hinaus bekannte Likör in der neuen gläser-

Zander in Altbier-Honig-Sauce mit Graupenrisotto

Zubereitung

Die Filets trocken tupfen, salzen, pfeffern und mit Zitronensaft beträufeln. Das Altbier zum Kochen bringen, Honig hinzufügen und auf ca. 1/3 der Menge einkochen lassen.

Die Gerstengraupen gründlich waschen, bis das Wasser klar bleibt. Anschließend die Graupen 5 Minuten in der Gemüsebrühe kochen, dann die Herdplatte ausstellen und die Körner im geschlossenen Topf etwa 50 Minuten ziehen lassen. Anschließend die Graupen in ein Sieb geben und wieder gründlich auswaschen und abtropfen lassen.

In der Zwischenzeit die Schalotte schälen und klein schneiden. Die Möhre und den Kohlrabi putzen und sehr fein würfeln. Die Kohlrabiblätter blanchieren, trocknen und mit einem Kochmesser ebenfalls sehr fein hacken.

Butter in einem Topf erhitzen und die Schalottenwürfel glasig darin anschwitzen. Die abgetropften Graupen zufügen, gut durchrühren und erhitzen.

Die Möhren- und Kohlrabiwürfel sowie die klein gehackten Blätter mit dem frisch geriebenen Parmesan einrühren und alles mit Pfeffer und Salz würzen. Den Fisch im Mehl wenden und im heißen Fett auf beiden Seiten ca. 6–8 Minuten braten.

Das eingekochte Altbier mit Sahne auffüllen, dann salzen und etwas pfeffern. Die kalte Butter in Stücke geschnitten unter die Sauce schlagen. Dabei immer erst das nächste Stück zugeben, wenn ein Stück aufgelöst ist.

Zum Anrichten das Risotto in die Tellermitte geben, ein Zanderfilet daraufsetzen und mit der Altbier-Honig-Sauce übergießen.

Dauer – 100 Minuten
Menge – 4 Portionen

nen Fabrik im Düsseldorfer Medienhafen produziert. Neben dem Kräuterlikör findet man auch einen klaren Korn in den Kneipen der Stadt. Schnittmann-Korn, der ebenfalls in einem Familienunternehmen

Einkaufsliste

– Zanderfilets:
400 ml Altbier
150 ml Sahne
150 g Butter
4 Zanderfilets
1 Zitrone, gepresst
3 EL Honig
Pflanzenfett
Mehl
Salz und Pfeffer

– Graupenrisotto:
500 ml Gemüsebrühe
1 Tasse Gerstengraupen, fein
1 Schalotte
4 EL Gemüse-Brunoise aus Möhre
2 EL Parmesan
1 EL Butter
Kohlrabi, Kohlrabiblätter
Salz und Pfeffer

nach langer Tradition seit 1818 hergestellt wird. Das Unternehmen Schnittmann bietet eine Reihe an Schnäpsen an, die auch über die Grenzen von Düsseldorf hinaus bekannt sind. Den echten Düsseldorfer

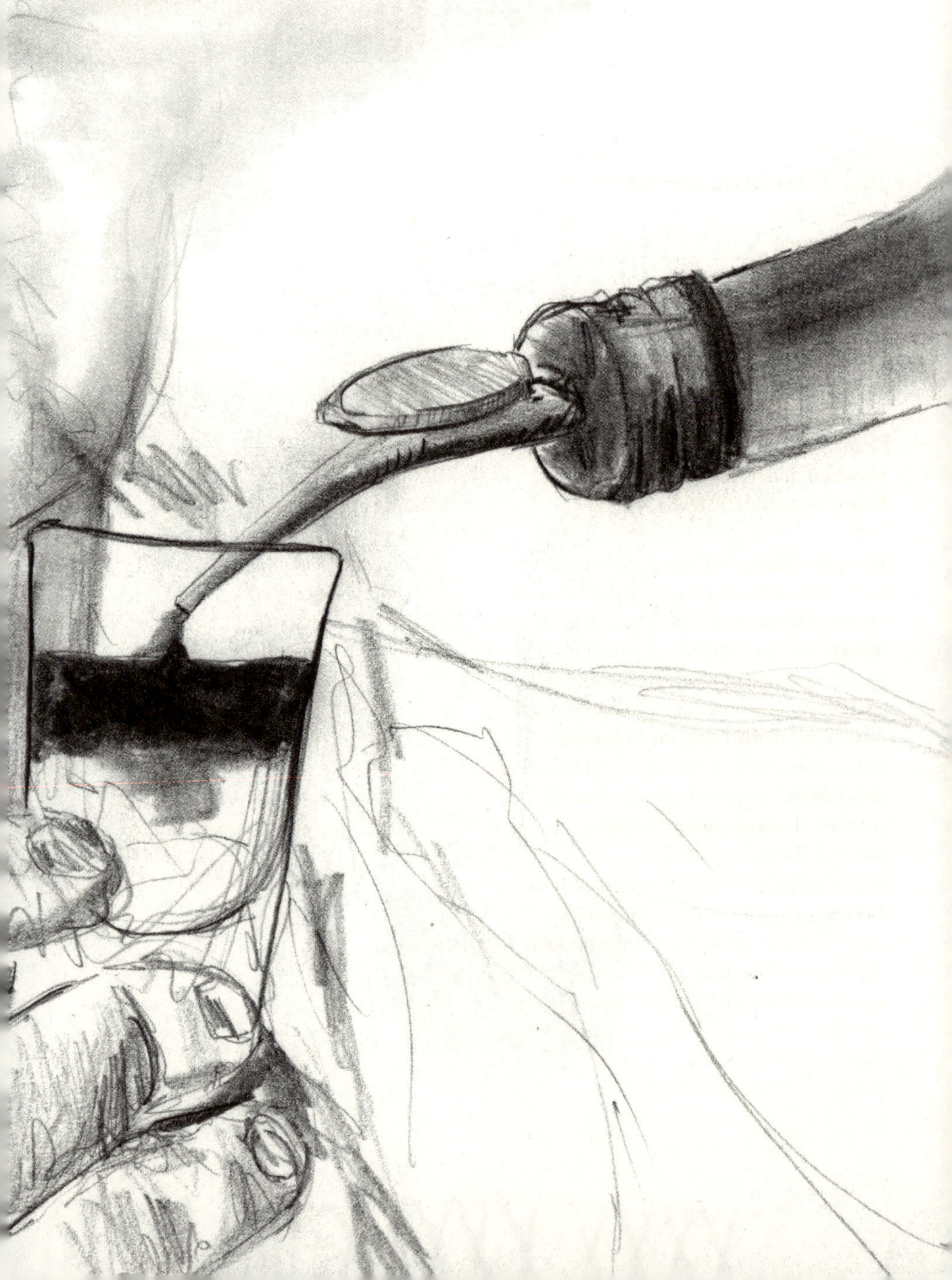

Korn genießt man entweder pur oder in Verbindung mit dem würzigen Schnittmann Boonekamp, einem weiteren Kräuterlikör, als Düsseldorfer „Samtkragen" bekannt. Hierbei füllt man das Gläschen zu drei vier-

Bier-Kaninchen mit Kirschen

Zubereitung

Kaninchenkeulen waschen und trocken tupfen. Suppengrün waschen, ggf. schälen und in Würfel schneiden. Zwiebel schälen und ebenfalls würfeln, Knoblauch schälen. Alle Zutaten mit den Gewürzen und Kräutern in eine Schüssel geben, mit Bier begießen und über Nacht abgedeckt im Kühlschrank durchziehen lassen.

Dann das Kaninchen aus der Marinade nehmen, trocken tupfen und mit Salz und Pfeffer würzen. In Mehl wenden und in heißem Öl von allen Seiten anbraten. Die Marinade durch ein Sieb gießen und auffangen. Das Gemüse im gleichen Topf mit dem Tomatenmark anrösten. Kaninchenkeulen darauflegen und mit der Marinade übergießen. Bei geschlossenem Deckel etwa 40 Minuten schmoren lassen.

Anschließend das Fleisch herausnehmen, die Sauce passieren und aufkochen. Sauerkirschen dazugeben und abschmecken. Die Kaninchenkeulen auf Teller geben und mit der Kirschsauce anrichten.

Dauer – 120 Minuten
Menge – 4 Portionen

Einkaufsliste

750 ml Altbier
4 Kaninchenkeulen
3 Pimentkörner
3 Wacholderbeeren
2 Knoblauchzehen
2 Lorbeerblätter
2 Zweige Thymian
1 Bund Suppengrün
1 Zwiebel
5 EL Sauerkirschen
3 EL Sonnenblumenöl
1 EL Tomatenmark
etwas Mehl

teln mit eisgekühltem Düsseldorfer Korn und mit einem Spezialausgießer den Boonekamp darauf. Zwar mit weniger Alkoholgehalt als der Killepitsch, aber dafür umso fruchtiger und dennoch allseits

bekannt, ist der Sauerkirsch-Cocktail Krumme. Bestehend aus frischen Kirschen und klarem Wodka rundet er die Düsseldorfer Spezialitäten mit seinem süßen Geschmack ab.

Mach et jot
ärrer nit ze off.
ARTIKEL ACHT

– „Übertreibe es nicht. Achte auch auf deine Gesundheit."

XXXXX XXXXX III

Längste Theke der Welt
Die Düsseldorfer Altstadt gilt als „Die längste Theke der Welt". Grund dafür ist die hohe Kneipendichte im Kern der Stadt mit über 300 Knei-

pen, Diskotheken und Restaurants. An jeder Ecke findet man eine Leckerei. Egal ob die Düsseldorfer Kultliköre, die weit verstreuten Brauereien oder unzähligen weiteren Kneipen, Restaurants oder

Altbier-Lammmedaillons

Zubereitung

Aus den Lammlachsen 8 Medaillons schneiden. Mit den Gewürzen und der geschälten und klein gehackten Knoblauchzehe gut einreiben und einwirken lassen. In einem Bräter die Butter erhitzen. Silberzwiebeln, gewürfelte Möhren und Medaillons darin anbraten.

Altbier und Zucker zugeben, etwa 15 Minuten köcheln lassen. In Scheiben geschnittene Champignons in etwas Butter weich dünsten lassen. Medaillons auf einer Servierplatte anrichten und mit den Silberzwiebeln, Champignons und Möhren belegen.

Eventuell den Bratenfond mit Mehl etwas andicken und um die Lammmedaillons verteilen.

Dauer – 70 Minuten
Menge – 4 Portionen

Einkaufsliste

25 ml Altbier
600 g Lamm (Lachs)
125 g Champignons
100 g Möhren
50 g Silberzwiebeln, aus dem Glas
30 g Butter
1 kleine Knoblauchzehe
1 TL Mehl
Muskat
Thymian
Zucker
Salz und Pfeffer

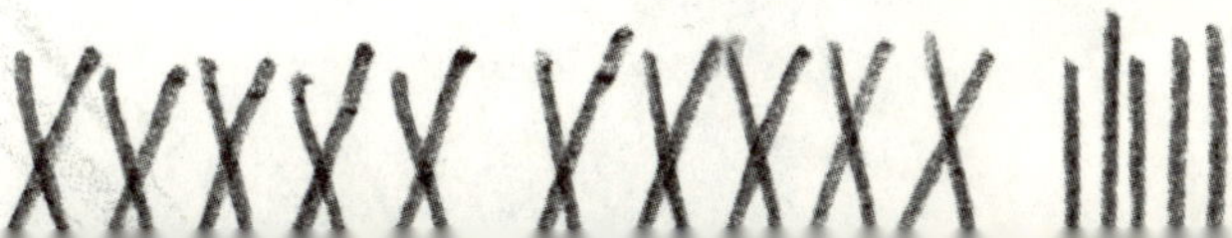

aber auch am Büdchen – erster Anlaufpunkt für ein Altbier, wenn man noch unentschlossen durch die Düsseldorfer Altstadt flaniert.

Süß muss es sein

– „Das ist die Universalfrage, die fast immer passt."

Wat soll dä Quatsch?
ARTIKEL NEUN

Das Altbier kann auch anders
Was früher heimlich von Mönchen gebraut wurde, ist auch heute noch eine Besonderheit. Ein Altbier mit 1 Volumenprozent mehr Alkohol als

die normalen Biere mit etwa 5 Prozent. Die Brauereien „Schumacher" und „Zum Schlüssel" bieten diese noch an. Allerdings nur zu bestimmten Anlässen. Das „Lätzen-Bier" vom Schumacher oder das „Stike

Altbiergelee

Zubereitung

Das Altbier mit dem Gelierzucker, dem Vanillin-Zucker und einer Prise Zimt vermischen und ca. 2 Minuten sprudelnd kochen. Nach dem Abschäumen in Gläser füllen.

Dauer – 10 Minuten
Menge – 4 Portionen

Einkaufsliste

3/4 l Altbier
1 kg Gelierzucker
1 EL Vanillin-Zucker
Zimt

Alt" vom Schlüssel schmecken etwas würziger, werden aber nur verbunden mit einem Event angeboten. In der Brauerei Schumacher gibt es nur am 3. Donnerstag im März, September und November

Altbier-Parfait mit Walnusssauce

Zubereitung

Zucker in einer Kasserolle goldgelb schmelzen und mit dem Altbier ablöschen. So lange auf dem Feuer lassen, bis sich der Zucker aufgelöst hat. Die Kasserolle vom Herd nehmen und etwas abkühlen lassen.

Nun das Eigelb, den Rum und den Vanillin-Zucker zufügen und die Masse warm aufschlagen, bis sie cremig wird. Dann in die Rührmaschine geben und 10 Minuten bei mittlerer Geschwindigkeit laufen lassen.

Die Sahne schlagen und mit dem Puderzucker süßen. Die gesüßte Sahne nun unter die Altbiermasse heben. Eine Form von 750 ml Inhalt mit Klarsichtfolie auslegen und die Masse einfüllen. Über Nacht im Gefrierschrank fest werden lassen.

Zucker in einer Kasserolle schmelzen, bis er goldgelb ist. Mit der Sahne ablöschen und langsam kochen lassen, bis sich der Zucker aufgelöst hat. Dann die gehackten Walnüsse und den Nusslikör zugeben. Abkühlen lassen.

Zum Anrichten auf 4 kalte Teller je 2 EL Walnusssauce geben und je 2 Scheiben vom Altbier-Parfait daraufsetzen. Mit Minze garnieren und abschließend die Teller mit etwas Puderzucker bestäuben.

Dauer – 25 Minuten
Menge – 4 Portionen

„Latzen-Bier". In der Brauerei Zum Schlüssel wir das „Stike Alt" traditionell in der Fastenzeit Ende März und im Herbst ausgeschenkt.

Einkaufsliste

– Altbier-Parfait:
100 ml Altbier
200 ml Sahne
125 g Zucker
50 g Puderzucker
6 Eigelb
1 EL Rum
1 TL Vanillin-Zucker
Puderzucker zum Bestäuben

– Walnusssauce:
200 ml Sahne
2 cl Nusslikör
100 g Zucker
50 g Walnüsse
Minze zum Garnieren

– „Suche das zwanglose Gespräch mit Freund und Feind."

Düsseldorfer Tradition

Blank gescheuerte Tische, weiß-blaue Kacheln an den Wänden, ein Duft nach Gebratenem und frischem Altbier liegt in der Luft – wo lässt es

Lebkuchen-Pudding mit Altbier-Sauce

Zubereitung

Die Schokolade und den Lebkuchen fein reiben, durchmischen, mit dem Weinbrand befeuchten und 30 Minuten ziehen lassen. Öfter durchrühren.

Die warme Butter mit dem Zucker und dem Eigelb schaumig schlagen, die Schokoladen-Lebkuchen-Masse unterziehen, mit Zitronenschale, Zitronen- und Orangensaft abschmecken. Das Eiweiß mit dem Zucker langsam schneller werdend schnittfest schlagen. Erst ein Viertel unter die Puddingmasse rühren, dann den Rest gründlich unterheben, sodass keine Eiweiß-„Inseln" zurückbleiben.

Die Masse in die gefettete, mit Paniermehl ausgestreute Puddingform füllen, verschließen und im Wasserbad im auf 200 °C vorgeheizten Ofen etwa 30 Minuten garen lassen. Garprobe mit einem Holzstäbchen machen.

Inzwischen für die Sauce das Eigelb mit Zucker und Zimt aufschlagen, bis die Masse weißschaumig ist. Das Bier nach und nach unterquirlen und mit Zitronensaft abschmecken. Den fertigen Pudding aus der Form stürzen, mit der Sauce übergießen und gleich servieren.

Dauer – 50 Minuten
Menge – 1 Schüssel

sich herzlicher genießen als in den Düsseldorfer Hausbrauereien? Hier trifft man sich seit eh und je zum Palavern, Trinken, Essen und fühlt sich wohl in der vertraut urigen Atmosphäre. In Düsseldorf gibt es

Einkaufsliste

125 ml Altbier
4 cl Weinbrand
40 g Bitterschokolade
75 g Lebkuchen
3 Eigelb
3 Eiweiß
3 EL Zucker
2 1/2 EL Butter
1 EL Orangensaft
1 TL Zitronensaft
1 Msp. abgeriebene Zitronenschale, unbehandelt
1 Msp. Zimt
Zitronensaft
Fett für die Puddingform
Paniermehl für die Puddingform

einige Hausbrauereien, die man sich nicht entgehen lassen sollte. Alle brauen ihr Bier noch selbst und bringen es neben überwiegend deftigen, aber inzwischen auch leichten Speisen an den Gast.

Bierkuchen mit Rumtopffrüchten

Zubereitung

Für die Füllung tiefgekühlte Beeren auftauen lassen. Den Boden der Springform fetten und mit Backpapier belegen. Den Backofen vorheizen (Ober-/Unterhitze: etwa 180 °C; Heißluft: etwa 160 °C).

Butter in einer Rührschüssel mit einem Rührstab geschmeidig rühren. Nach und nach Zucker und Gewürze unter Rühren hinzufügen, bis eine gebundene Masse entsteht.

Jedes Ei etwa 1/2 Minuten auf höchster Stufe unterrühren. Mehl mit Backin mischen und abwechselnd mit dem Altbier in 2 Portionen kurz auf mittlerer Stufe unterrühren. Teig in der Springform glatt streichen. Form auf dem Rost im unteren Drittel in den Backofen schieben und für etwa 45 Minuten backen.

Springformrand lösen und entfernen, Boden auf einen mit Backpapier belegten Kuchenrost stürzen und ohne Springformboden erkalten lassen. Papier vorsichtig abziehen und Boden zweimal waagerecht durchschneiden.

Pflaumen waschen, abtropfen lassen, halbieren, entsteinen und klein schneiden. Die Früchte mit 100 g Zucker und Rum vermischen und mind. 1 Stunde ziehen lassen. Den unteren Boden auf eine Tortenplatte legen und einen Tortenring darumlegen.

Schlagsahne mit Sahnesteif, Vanillin-Zucker und Zimt steif schlagen.

Rumfrüchte auf einem Sieb abtropfen lassen und die Flüssigkeit auffangen. Die Flüssigkeit ggf. mit Wasser auf 500 ml ergänzen. Tortenguss nach Packungsanweisung mit der Flüssigkeit und übrigem Zucker zubereiten und dann sofort die Früchte unterheben. Die Hälfte der Fruchtmasse auf dem unteren Boden verteilen. Den zweiten Boden auflegen und diesen mit der Sahne bestreichen. Den letzten Boden auflegen und die restliche Fruchtmasse gleichmäßig darauf verteilen.

Den Kuchen mind. 1 Stunde kalt stellen. Vor dem Servieren den Tortenring vorsichtig entfernen.

Dauer – 40 Minuten
Menge – etwa 16 Stück

Einkaufsliste

– Rührteig:
250 ml Altbier
400 g Weizenmehl
200 g Zucker
120 g weiche Butter
2 Eier
1 Pck. Vanillin-Zucker
1 Pck. Backpulver
1 Msp. gemahlener Zimt
1 Msp. gemahlene Gewürznelken
etwas Fett für die Form (Ø 28 cm)

– Füllung:
250 ml Rum
400 g tiefgekühltes gemischtes
Beerenobst
400 g Pflaumen
200 g Schlagsahne
140 g Zucker
2 Pck. Tortenguss, klar
1 Pck. Sahnesteif
1 Pck. Vanillin-Zucker
etwas gemahlener Zimt
etwas Wasser

Do laachste dich Kapott.
ARTIKEL ELF

– „Auch wenn alles einmal schiefgeht. Bewahre dir deinen Humor."

Ein Blick hinter die Kulissen

Ein Führung durch eine der Hausbrauereien ist gewünscht? Dann kann man sich bei Interesse einfach an das favorisierte Brauhaus wenden,

das gerne bereit ist, einen Einblick in seine Räumlichkeiten zu bieten. So lässt sich detailliert alles über Lagerung und Abfüllung erfahren.

Altbierbowle mit Erdbeeren und Sekt

Zubereitung

Reife Erdbeeren kurz unter fließendem Wasser abspülen, trocknen und die Stielansätze entfernen. Größere Erdbeeren halbieren oder vierteln, in ein Bowlegefäß geben und mit Zucker vermischen.

Eine Flasche gut gekühltes Altbier über die Erdbeeren gießen und die Bowle fest zugedeckt ca. 1 Stunde ziehen lassen. Kurz vor dem Servieren eine zweite Flasche kaltes Altbier zugeben und mit eiskaltem Sekt aufgießen.

Dauer – 30 Minuten
Menge – 6–8 Gläser

Einkaufsliste

2 Flaschen Altbier
2 Piccolos Sekt
250 g Erdbeeren
60 g Zucker

Die Autoren

Tabea und Simon studieren seit 2013 Kommunikationsdesign an der Hochschule Düsseldorf.

Ihr gemeinsamer Schwerpunkt liegt im Bereich Editorial Design, wodurch ihre Zusammenarbeit für dieses Buch entstanden ist.

Durch ihre Verbundenheit zur Stadt als gebürtige Düsseldorfer war der Grundstein gelegt, die Traditionen der Stadt zu erkunden.

Im Studium fokussiert sich Tabea zudem auf illustrative Gestaltung, während Simon sich konzeptionell und typografisch dem Bereich Corporate Identity widmet.

Impressum

Bibliografische Informationen der Deutschen Nationalbibliothek
Die Deutsche Nationalbibliothek verzeichnet diese Publikation in der Deutschen Nationalbibliografie; detaillierte bibliografische Daten sind im Internet über http://dnb.d-nb.de abrufbar.

Gesamtgestaltung: Simon Brixius, Tabea Schubert, Düsseldorf
Druck und Bindung: Westermann Druck Zwickau GmbH, Zwickau
ISBN 978-3-7700-1572-6

www.drosteverlag.de